Marseille — Les «VillesAllantVers», Parcours Individuel, 2010.

Hors série de la revue des ressources
www.ressources.org
Revue numérique : ISSN : 1776-0887
Revue imprimée à périodicité aléatoire : ISSN 1167-9107
Livre : ISBN : 978-2-919128-02-0
Création graphique : Xavier Leton
Editions des ressources / ressources.org
Contact : information@ressources.org

*Les «VillesAllantVers»*
Livret

Association Les «*VillesAllantVers*»,
N°5 rue Navarin, 13006 F - Marseille
Identifiant SIREN : 518 227 103
Tél. : +33 [+]4 91 42 52 57
Mail : admin@villesallantvers.org

Auteur & Chargé de Projet :
Xavier Leton
N°47 rue de Lodi 13006 — Marseille.
Tél. : +33 6 72 86 66 63
Mail : xavier@villesallantvers.org
site : http://villesallantvers.org/

Vous trouverez dans ce livret la présentation de la création intitulée : «*Les VillesAllantVers*». Nous vous présentons ce que ces réalisations impliquent, vers quels objectifs elles tendent, à quels spectateurs elles s'adressent. Nous vous proposons des photographies, des extraits de textes et poèmes issus des ateliers de création. Les films vidéo réalisés lors des ateliers sont sur le DVD joint à ce livret, ainsi que sur le site : **http://villesallantvers.org/**.

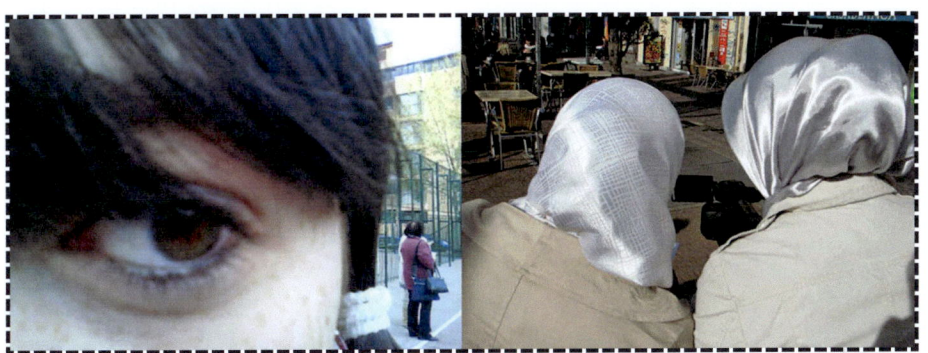

Madrid \ Marseille — MPT Cours Julien \ Collège de Las Musas, 2009.

«Les VillesAllantVers» — Intention ----------------------
«Les VillesAllantVers» — Synopsis de l'atelier --------------

::_Comment appréhender la ville ?_:: le multimédia matériel -----
::_Comment appréhender la ville ?_:: l'atelier ---------------

La valorisation : — Le multimédia -------------------------
La valorisation : — Installation --------------------------

«Les VillesAllantVers» — Chronologie ---------------------
«Les VillesAllantVers» — Perspectives pour *2013* -------------

Les acteurs & collaborateurs en 2009 - 2010 : ----------

Retour sur expériences : ----------------------------------
Présentation : --------------------------------------

⟶ Page 18
⟶ Page 22

⟶ Page 24
⟶ Page 27

⟶ Page 30
⟶ Page 32

⟶ Page 34
⟶ Page 36

⟶ Page 38

⟶ Page 40
⟶ Page 47

Madrid \ Marseille — MPT Cours Julien \ Collège de Las Musas, 2009.

```
« VAV » est une création participative & évolutive.
« VAV » est le film des « Villes Invisibles ».
« VAV » est une ville vue, lue à hauteur de ses habitants.
« VAV » est une installation NoMade.
« VAV » est une réalisation commune.
« VAV » est un espace où chacun choisit une place.
« VAV » est un espace où chacun change de place.
« VAV » est le parcours de chaque participant.
« VAV » est un parcours commun à tous les participants.
« VAV » est à la recherche de nouvelles formes.
```

« Les VillesAllantVers » – Intention :

La ville est un espace de vies. Nous la parcourons sans la voir, nous l'utilisons sans savoir quelles influences elle exerce sur nous, pas plus que nous ne savons en quoi nous la transformons.

Elle nous concerne tous, quels que soient notre âge, notre sexe, notre nationalité. Elle est construite et pensée par d'autres, pour nous. Ceux qui la pensent et la dessinent l'habitent aussi. Elle nous semble changer avec et malgré nous. Pourtant, les habitants donnent à ces rues et ces quartiers, diverses identités.

Parcours Urbains – Bruxelles, 1999.

Nous la visitons souvent pour la première fois à travers un plan, alors que d'autres nous invitent à nous perdre en elle. C'est à partir de ces paradoxes que je désire questionner la ville, en questionnant ses habitants. C'est le point de départ de cette création intitulée *«Les VillesAllantVers»*.

Nous invitons à la balade, suivant un tracé souple et précis. Lors des ateliers de création nous construisons et identifions les liens qui unissent nos vies à la ville. Nous les présentons sous la forme d'une installation In-Situ et Internet.

Cette création s'enracine dans nos traces de pas et rebondit sur celles que d'autres ont laissées avant nous. Les «VillesAllantVers» s'articule autour de notre relation à la ville, aux objets issus du quotidien, souvent considérés comme fonctionnels, anodins, sans histoire. Ces objets visuels, sonores, olfactifs, s'intègrent à nos trajets. Ils sont parfois à ce point récurrents que nous finissons par ne plus les voir. Suffirait-il de changer de trottoir pour voir la ville, la vie, autrement ?

Marseille – Lycée Saint-Charles, 2004.

Je vous propose de regarder un parcours. D'écouter ce qui nous entoure lorsque nous le cheminons. De reconnaître les points de repères, les aires de repos que nous nous créons. Á partir de ces parcours individuelles, je vous propose de construire une ville invisible, composée de ces lieux improbables

Les différents médias utilisés lors de ces ateliers de création sont autant d'accès possibles à la création.

Ils permettent aux participants de choisir un mode d'intervention approprié à ses sensibilités et compétences. Que ce soit par le texte, la parole, le dessin ou l'image, nous pouvons tous raconter un parcours.

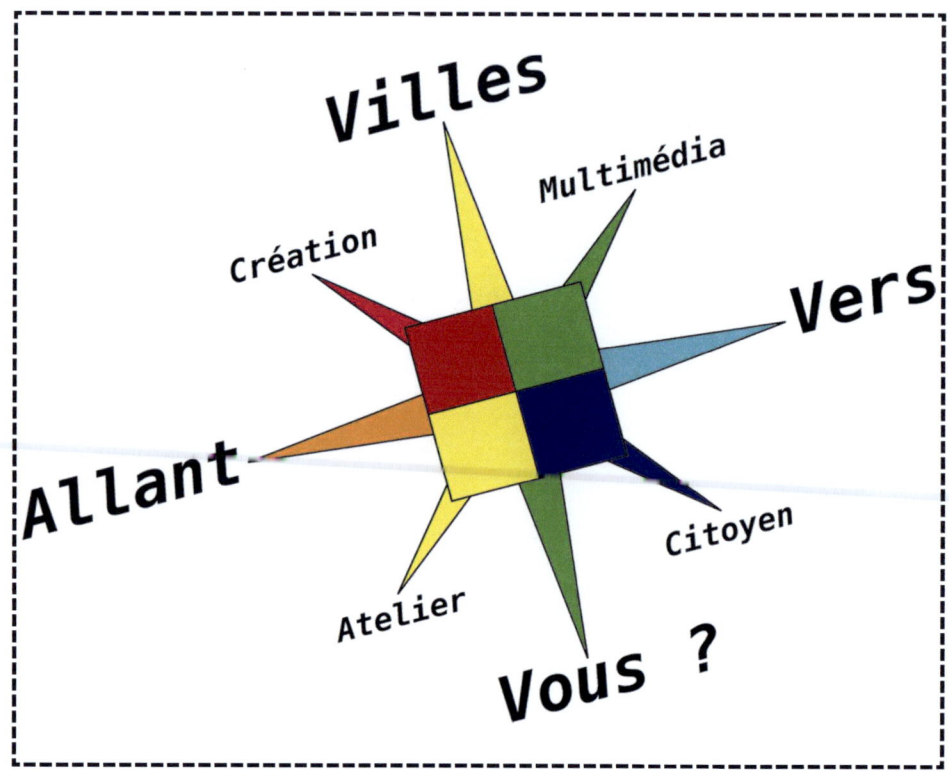

C'est en croisant ces représentations d'un parcours que nous construisons une «Ville Invisible», extraite de la ville et de notre désir de la représenter.

Lors de cette transformation, les participants introduisent des contraintes. Par exemple : ils choisissent un endroit qu'ils désirent montrer;

ils le délimitent et inventent les frontières de cet endroit. Ils collectent des objets avoisinants en tant qu'objets témoins d'histoires. Ils les regroupent et les emportent dans une valise, avant de les restituer sous la forme d'une installation numérique sur Internet et In-Situ.

Par un procédé numérique, ces objets sont liés aux sons, aux mots, aux photographies et aux vidéos. Une valise est attribuée par atelier, ainsi qu'une installation par quartier. Ces contraintes imposent le choix, la rigueur. Chaque objet témoigne d'un espace particulier, d'une attention particulière créant un espace commun, une ville.

« Les VillesAllantVers » – Synopsis de l'atelier :

«*Les VillesAllantVers*» est une création participative et évolutive. Cette réalisation repose sur des ateliers de création multimédia virtuelle et matérielle.

Le point de départ est la notion de «parcours» quotidien. Chaque participant choisit un trajet si souvent répété qu'il ne prête plus d'attention à ce qui l'entoure et le constitue.

Madrid – Collège de Las Musas, 2009.

Lors de l'atelier, nous dissocions de ce trajet, les sons, les couleurs, les formes, les odeurs, les images, les souvenirs, les points de repère. Nous les collectons pour les transformer par le texte, la parole (captation sonore),

le dessin, la photographie, la vidéo. Transformés, nous les restituons via une installation In-Situ dans un espace réel, matériel, et sur un site Internet, c'est-à-dire dans un espace virtuel, immatériel.

Les histoires et les sensations vécues dans ces rues fournissent la matière de l'installation, ainsi que les données nécessaires au site Internet, à la création des films, des textes et des créations sonores.

Par la mise en commun des parcours individuels,

nous créons un parcours collectif qui permet de découvrir d'autres réalités de la ville. En effet, en liant ces trajectoires les unes aux autres, nous traçons la carte d'une «Ville Invisible» ainsi que ses frontières. Par la création, nous interagissons avec ces réalités, nous voyons apparaître les différentes identités d'une ville, nous traversons ses frontières, et enfin, nous vous proposons de voir cette ville à hauteur de ses habitants.

```
Au Panier je vais dans la rue Saint-Jean
Je vais dans une église
Il y a la cour de la maison
Je vois des signes sur les murs
```

```
Maison et Métro
      Maison et bus et Métro et cinéma.
Jardin et fleurs
      Jardin et fleurs et maison et musée.
Magasin
      Magasin et musée et parc.

Parcours de Merve, «Collège du Vieux-Port», Marseille - 2006.
```

: :_Comment appréhender la ville ?_: :

Le multimédia matériel :

Pour réaliser les «*VillesAllantVers*», nous avons besoin d'un lieu équipé d'ordinateurs, d'une connexion internet, d'une dizaine de participants, de quarante heures de travail. La seule connaissance préalable en informatique requise est l'utilisation d'un clavier et d'une souris. Avant toute chose, nous cherchons à adapter les ateliers aux condition de travail.

Lors de cet atelier, j'initie les participants à l'utilisation d'un ordinateur connecté à Internet. Nous utilisons les outils d'échange de courriels, les outils de navigation, de recherches sur Internet, et à la rédaction d'article sur un site internet sous SPIP. SPIP est un système de publication pour l'Internet qui s'attache particulièrement au fonctionnement collectif, au multilinguisme et à la facilité d'emploi.

L'atelier s'articule autour de cinq points. Quatre points cardinaux, quatre notions de représentation d'un trajet, «**le parcours**», «**l'itinéraire**», «**le bon coin**» un endroit de prédilection choisi par le participant, «**l'objet**» lié à cet endroit. Le cinquième est l'espace créé par la mise en commun de ces quatre points cardinaux: la «**Ville Invisible**».

«**Le parcours**» est un récit abstrait construit par un narrateur. Il jalonne son récit d'objets, de points de repère dont il se souvient, de frontières. Ce narrateur agence les points de repère afin d'en faire un récit. Si nous captons ce récit et que nous l'appliquons à la réalité, nous ne pourrons sans doute pas reproduire le parcours du narrateur, vu qu'il nous manquera des informations. Par le dessin, l'écrit, nous essaierons lors de l'atelier de préciser ce «**parcours**».

«**L'itinéraire**» est une notion concrète. À sa réalisation, nous pouvons nous passer du sujet qui nous raconte un trajet. À l'inverse du «parcours», cette fois nous tenterons par des jeux d'écriture d'abstraire les informations de cet itinéraire afin d'en faire un texte de création.

«**Le bon coin**» est un lieu où l'on aime aller. C'est l'endroit où nous arrêtons pour flâner, un endroit de prédilection.

Schéma de l'atelier de création *«Les VillesAllantVers»*

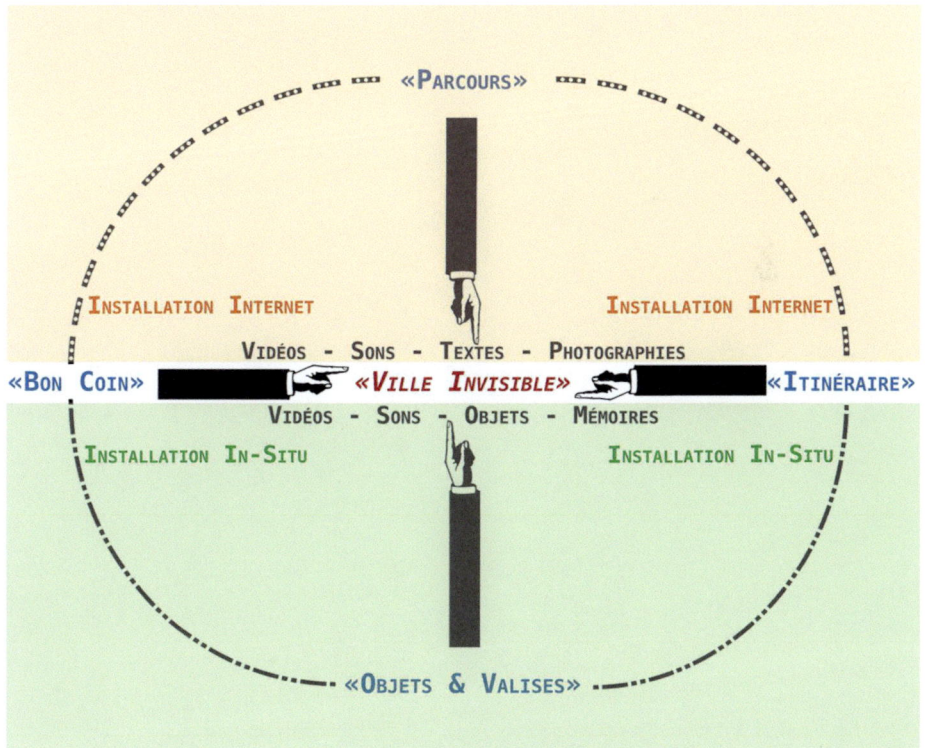

Ces quatre éléments sont des vecteurs d'histoires et de création de la «**Ville Invisible**», l'élément central de l'atelier. La «**Ville Invisible**» est réalisée à partir des éléments découverts lors de ces quatre temps.

Nous découvrons la ville comme une construction collective, composée de souvenirs, des désirs et d'expériences de ses habitants. Nous n'imposons pas la ville comme une unité, mais plutôt comme l'agencement d'un ensemble de points de vues multiples qui, en se conjuguant, créent un puzzle aux perspectives diverses.

L'ATELIER :

Les participants racontent un parcours de leur choix. Pour ne rien oublier, ceux-ci sont enregistrés. Ce récit est souvent abstrait, jalonné de points de repère choisis par le participant.

La
plage est relaxante comme lorsque je couche mon fils.

La
mer est relaxante comme lorsque je regarde ma mère.

La
rue d'Endoume est fatigante comme lorsque j'étais très petite et mon père est mort.

La
place des Capucins est sale comme lorsque je pars au hammam.
Je regarde
une route comme dans le bled
mais pas à côté de chez moi,
c'est loin, dans un autre quartier.

Parcours de Zalièta,
«Maison Pour Tous» Cours Julien,
Marseille - 2009.

Sans les précisions du conteur, nous ne pourrions pas faire ce trajet. Le dessin nous permet d'affiner le souvenir que le participant a de son parcours. Le travail consiste à extraire un dessin du parcours.

Ce dessin servira de support au tracé de l'itinéraire du trajet. Entre l'abstraction du parcours et la précision de l'itinéraire se tissent des histoires où objets et points de repère se mêlent et témoignent des identités qui se croisent.

Tous les éléments nécessaires à la construction d'un scénario sont présents : les textes, les dessins, les voix. Les différentes constructions d'un même parcours font émerger des histoires, celles qui nous échappent. Les objets que nous ne voyons plus remontent à la surface de notre mémoire. Il reste à trouver durant ce trajet, un point, un endroit qui retienne l'attention de l'auteur du parcours.

Madrid — Collège de Las Musas, 2009.

Il associe à cet endroit, un objet trouvé dans la rue, afin de lier l'endroit au parcours. L'endroit choisi peut-être l'objet d'un témoignage, d'un entretien filmé, ou d'une fiction.

A la suite de ce travail en intérieur, vient le temps du dehors. C'est le moment où la mémoire se confronte au présent, à l'espace. Pour ce temps de l'atelier, aucune connaissance filmique n'est indispensable. Le matériel utilisé est choisi parce qu'il est simple d'utilisation, et je prend la place de l'opérateur.

Chaque participant décide ce qu'il filmera, et comment il le filmera. Nous reviendrons à cet endroit pour affiner le choix des objets à filmer et à associer.

Les dessins, les textes, les témoignages sonores ne sont pas que les éléments de la création d'un film. Toutes ces données sont les pièces du plan d'une ville inspirée des parcours de chacun, une «Ville Invisible». Les photographies et les vidéogrammes viennent s'intégrer au plan.

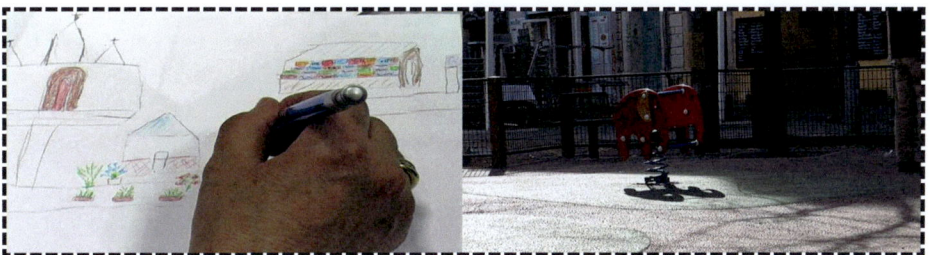

Marseille – Maison Pour Tous Cours Julien, 2009.

À la fin de la création de la carte, je propose à tous d'imaginer et de placer ce qu'ils considèrent être des frontières.

Avant de passer au multimédia virtuel, nous initions les participants à la navigation, à la recherche sur internet, et à la rédaction d'articles sur internet.

Les participants n'évoluent pas tous au même rythme. Ceci permet d'aller d'une phase à l'autre de l'atelier, et donc de rassurer les participants les plus timides.

La valorisation :

– Le multimédia virtuel :

Via un site SPIP (système de publications partagé sur internet), chaque participant présente son parcours sur le site des «VillesAllantVers.org». Il propose du contenu multimédia (sons, photo, vidéo, textes, dessins) et rédige un article pour présenter les éléments de sa création. Lorque l'article est diffusé, l'auteur est confronté à l'avis des participants des *«VillesAllantVers»* des autres villes, et des internautes. Lorsqu'il est édité, le public s'en empare. Il le commente ou le transforme en suivant les conditions d'une licence adaptée, intitulée «Creative Common».

Un espace public est à disposition de chaque internaute. Il permet à chacun de récupérer un élément des ateliers et de le transformer, de le replacer sur le site à disposition d'autres volontaires ou de le renvoyer par voie postale.

Jusqu'à présent chaque participant était rédacteur d'un ou plusieurs articles sur le site. Dorénavant il disposera d'un espace propre de type web-magazine (blog) où il pourra structurer ses données comme il le veut. L'ensemble de cette architecture de réseau permet de travailler ensemble, tout en offrant des espaces particuliers.

Pour les réalisations à venir, tout parcours entrera dans un processus de traitement numérique des données afin d'être comparé, différencié des autres. Afin de chercher à présenter aux internautes une forme cartographiée de ces parcours, réalisés dans différentes villes.

Ce traitement permettra à chacun de consulter un parcours via un téléphone portable, par exemple, voire de le réaliser.

Cela permettrait de visiter la ville, non plus à partir des circuits touristiques conventionnels mais bien à partir du parcours d'un habitant de cette ville, permettant de voir la ville à hauteur de ses habitants.

— INSTALLATION :

Pour terminer l'atelier, nous demandons à tous les participants de mettre en commun leur parcours. Les lieux choisis viendront s'emboîter dans le morceau de parcours d'une autre personne, lui-même relié à un autre objet, etc.

Marseille – «Les VillesAllantVers» Restitution, théâtre Toursky 2009

Ces «Objets Mémoires», nous les trouvons dans les valises de tous les migrants, ce sont les éléments et la matière de l'installation. À chaque objet placé dans l'espace correspond un film, un son, un texte, un dessin, une frontière. Il suffit de prendre, de bouger ou de frôler l'objet, de passer une frontière pour que le parcours auquel il est lié s'anime.

Marseille – «Les VillesAllantVers» Installation, 2009

Les « VillesAllantVers » — Chronologie :

Création initiée, en _1999_ & _2000_, à Bruxelles, en collaboration avec des artistes et des spectateurs. «Parcours_Urbains» fut produite par la «Biennale du parcours d'artistes» & le «KunstFestival des Arts», en collaboration avec la galerie «Flyingcow Project». À partir de _2001_ et jusqu'en _2005_, j'ai réalisé «_Les VillesAllantVers_» à Tarascon et à Marseille.

En _2006_, «_Les VillesAllantVers_» sont réalisées au Bénin (Cotonou / Holodo).

En _2008_ et _2009_, co-produites par «Marseille-Provence2013», «_Les VillesAllantVers_» sont réalisées à Marseille, Madrid et Béjaïa, en collaboration avec «_l'Institut International de Théâtre en Méditerranée_» de Madrid, le «_Théâtre Régional de Béjaïa_» et l'association «_les Têtes de l'art_», Marseille.

Les participants furent, pour Marseille, les élèves de l'école Élémentaire de la Major (classes de CM1-CM2 & de CE1), les élèves du Lycée Saint-Charles (classe de seconde, section Arts-plastiques), les participantes aux ateliers dédiés aux primo-arrivants de la «_Maison Pour Tous_» du Cours Julien. Pour Madrid, nous avons travaillé avec les élèves du Collège Technique de Las Musas à Madrid (Classes de seconde année 2B, 2C). Pour Béjaïa, nous avons travaillé avec les élèves des écoles privées «les Iris» et «les Colombes» (classes de CE1 et CM2 ou équivalent).

En _décembre 2008,_ nous avons mis en ligne le site de restitution de l'atelier afin de permettre à tous de participer et de voir l'évolution de cette création. Ce site Internet rassemble aujourd'hui une centaine de rédacteurs, chaque participant de l'atelier étant co-auteur du site.

En _avril_ _2009_, au lendemain des élections, les ateliers initiés en janvier en Algérie sont stoppés.
Le «*Théâtre Régional de Béjaïa*», nous a informé ne plus pouvoir assumer la réalisation du projet. La raison qui nous a été communiquée par le directeur du théâtre, était qu'une directive du ministère de l'éducation nationale interdisait que les ateliers réalisés dans les écoles, le soient dans une autre langue que l'arabe.

En _mai_ _2009_, nous avons présenté une restitution des créations madrilènes et marseillaises sous la forme d'ateliers au théâtre le «Toursky». En juin, ce fut au tour des madrilènes de présenter leurs réalisations et de découvrir celles des Marseillais.

En _2009_, les collaborations avec les associations de médiation culturelle, nous ont conduit à créer notre propre structure associative. Ceci afin de permettre à certains temps de l'atelier, tels que l'installation In-Situ, moins nécessaires au travail de médiation, d'exister pleinement. Cette installation est un moment important basé sur les objets, les valises, les éléments de mémoire du «*parcours*»; mais aussi sur le plan de la «*Ville Invisible*» et les frontières de cette ville. Ce temps permet aux spectateurs, par un procédé numérique, d'être l'opérateur de l'installation.

En _2009_ - _2010_, nous étendons notre collaboration avec des chercheurs de Marseille du Laboratoire d'Informatique Fondamentale, ceci afin de réaliser un site de création sur Internet, où chacun pourrait consulter via un téléphone portable ou autre, le «*parcours*» d'un participant. Et aussi, afin de mieux exploiter les données numériques lors des installation In-Situ. Ce ne serait plus un parcours touristique mais un des parcours qui rythment la vie des habitants.
L'atelier de création s'ouvre aux classes des

écoles maternelles (Eydoux). Avec les enseignants nous adaptons l'atelier aux classes de moyenne et de petite sections. En octobre, nous travaillerons avec des personnes sans domicile. Nous sommes à la recherche d'entreprises où nous pourrions développer ce travail avec le personnel.

En *2010*, «*Les VillesAllantVers*» seront réalisées à Amsterdam en collaboration avec l'association «De Levante» association et galerie spécialisée dans l'Art contemporain du monde Arabe.
D'autres pays du pourtour méditerranéen sont intéressés par ce projet. En ce sens, l'association «De Levante» sera notre partenaire principal pour la réalisation de «*Les VillesAllantVers*» dans les pays du pourtour méditerranéen.
Nous travaillons actuellement avec l'association «*Biennales de Paris - Berlin - Madrid*», plate-forme culturelle franco-allemande, au réalisation de «*Les VillesAllantVers*» à Berlin, courant 2010.
Ainsi qu'avec la société «Accès•Cible•Production» & «Accès.Cités». Ces deux sociétés, en collaboration avec le CNRS et l'INRIA, créent des solutions interactives en mobilité, pour les services d'accompagnement des personnes en situation de handicap.

Notre perspective *pour 2013*, est de créer un **réseau d'échange d'expériences, de partage de connaissances** et **de créations** à propos de la ville. Nous ouvrons ce réseau aux participants des différents ateliers, mais aussi aux internautes et aux touristes de ces villes.
Nous désirons rassembler les participants et leur **permettre de se rencontrer** à propos des plans des «*Villes Invisibles*», d'objets communs, perçus différemment : la ville, les frontières, le souvenir, le quartier.

Marseille – «Les VillesAllantVers», école Maternelle Eydoux -   2010

Nous désirons répertorier les **parcours** et les **proposer aux personnes de passage dans ces villes (Marseille, Amsterdam, Béjaïa, Madrid, Bruxelles, etc.)**, afin qu'elles **découvrent** ces **villes à hauteur de leurs habitants**, loin des chemins balisés.

Nous désirons habiter Marseille avec les morceaux d'histoires vécues par les habitants des autres villes. **Marseille nous semble être un creuset où se mêlent et se lient les histoires d'ici et d'ailleurs.** Nous envisageons de les projeter sur les murs aveugles, en suivant un parcours, en investissant des lieux privés, appartements, terrasses, etc. **Passant d'un lieu à l'autre, d'une vie à l'autre, d'une ville à l'autre.**

«Les VillesAllantVers», les acteurs en 2009 - 2010:

Cette année, les «*VillesAllantVers*» se dérouleront à Marseille, à Amsterdam, à Berlin, et en fin d'année en Israël .

D'autres réalisations sur le pourtour méditerranéen, au Lyban, par exemple, suivront. Les «*VillesAllantVers*» sont évolutives. D'une année à l'autre, en fonction des parcours créés, d'autres collaborations naissent. La pertinence de cette création est d'être réalisée là où les parcours prennent un sens particulier, par exemple, là où le mouvement est contraint, par l'urbanisme, par la guerre, par la coutume.

«*Les VillesAllantVers*», les collaborateurs 2009 - 2010 :

L'école Maternelle Eydoux — Marseille. Nous adaptons la réalisation de l'atelier de création et l'installation aux élèves de petite et moyenne sections de maternelle de l'école Maternelle Eydoux. Cette adaptation se fera en collaboration avec Anne Volpi, directrice et institutrice de l'école maternelle Eydoux.

«De Levante» [Amsterdam] provides a unique contribution to the cultural exchanges between the Netherlands and the Oriental world in art, education and enterprise. Director & co-founder : Dalila Nemla.

«Biennales de Paris - Berlin - Madrid» [Berlin].
La Biennale de Paris a été fondée en 1959 par André Malraux. Etre une alternative aux valeurs établies.
Modifier l'idée de l'art.
Identifier et activer des pratiques invisuelles.
Composer une masse critique optimale.

Le «Laboratoire d'Informatique Fondamentale» de Marseille, CNRS Universités d'Aix-Marseille. Les chercheurs que nous avons rencontrés nous aident à structurer les parcours sous forme de graphes afin d'en optimiser les restitutions et les partages
Le «Laboratoire des Territoires de Demain», Directrice scientifique & administratrice de la Fondation des Territoires de Demain : Laura Garcia Vitoria.
Web — Fr : http://www.territoires-de-demain.org

La Fing (Fondation Internet Nouvelle Génération a sélectionné les «*VillesAllantVers*» comme l'une des dix réalisations innovantes en région PACA. ("Cultivons l'innovation (ouverte) en Provence-Alpes-Côte d'Azur !" — Mars 2010, la Criée — Marseille). L'internet représente une plate-forme d'innovation d'une puissance sans précédent. Mais c'est d'une innovation différente qu'il s'agit, une innovation beaucoup plus ouverte, plus agile, mieux partagée, à laquelle participent des acteurs nouveaux et plus nombreux — jusqu'aux consommateurs et usagers

Co-producteur & porteurs
«Les VillesAllantVers» — Années 2008/2009

MARSEILLE - PROVENCE 2013
NATHALIE CABRERA
CHARGÉE DE MISSION POUR LA COORDINATION DES ACTIONS DE PARTICIPATION CITOYENNE

LES TÊTES DE L'ART
SAMIR KEBHIZY
DIRECTEUR

INSTITUT INTERNATIONAL DE THÉÂTRE EN MÉDITERRANNÉE
DELPHINE SALVI
CHARGÉE DE PROJET

DE LEVANTE
DALILA NEMLA
DIRECTRICE & CO-FONDATRICE

TERITOIRES DE DEMAIN
ANDRÉ LOECHEL & LAURA GARCIA VITTORIA
PRÉSIDENT & DIRECTRICE

«LES VILLESALLANTVERS» — RETOUR SUR EXPÉRIENCES :

- SYNTHÈSE :

En *2008 — 2009* nous avons réalisé «*Les VillesAllantVers*» à Marseille, à Madrid, à Béjaïa. Près de 160 enfants, adolescents et adultes ont collaboré aux «*Les VillesAllantVers*».

Cette phase des réalisations des «*VillesAllantVers*» nous ont permis de porter le dispositif de création à l'international, ceci grâce à la co-production de Marseille-Provence 2013.

La réussite de cette période test nous a permis de reconduire notre co-production avec Marseille-Provence2013 pour la fin de l'année 2009.

France\Marseille

Le nombre des participants variaient entre 70 et 80 participants. Ils proviennent des écoles et d'une association. L'âge varie entre 10 et 18 ans pour la plupart avec une dizaine de participants de plus de quarante ans.

Ces différences offrent aux participations un large espace d'expression. En effet, un enfant ne perçoit pas la ville de la même manière qu'un adulte, ne fut-ce que part sa taille.

Écoles : Classes de CM1-2, de CE1 de l' école élémentaire de «La Major» et les élèves de seconde du lycée «Saint-Charles».

Association : La «Maison Pour Tous» du Cours Julien.

Marseille – «Les VillesAllantVers», école Maternelle Eydoux -   2010

ESPAGNE\MADRID

Les participants à la création «Les VillesAllantVers» étaient d'un même niveau scolaire et issus d'une même école. La cinquantaine de parcours proposés se répétaient à quelque nuance prêt. Ces témoignages demandaient une attention particulière au différence et au répétition. Les frontières de ce quartier ont pu être aisément reconnues, identifiées, nommées avant qu'elles ne soient classées ?
- Écoles : IES Las Musas, Madrid, Classe 2°B — 2°C

[...]
Le « respect » s'est intiment introduit dans ces graffiti, il ne réside pas que dans les poncifs du « Graf's ». Il joue avec les limites du quartier, pas de graffiti sur les murs vides à l'intérieur du quartier, ou seulement l'adresse d'un graffeur qui pourrait vous dessiner une fresque.
[...]

Extrait de la création « ::_Respecto_:: » — Atelier Madrid, 2009

Madrid — «Les VillesAllantVers», Collège Las Musas - 2009

ALGÉRIE\BÉJAÏA

Les diverses interprétations du mot «parcours» ont ouvert le champ de création. Nous avons observé à quel point les points de repère qui jalonnent les «parcours», variaient en fonction du narrateur, du pays et de la ville où l'atelier se réalise. Par exemple, les rues commerçantes de Béjaïa font rêver une partie des collégiens, tandis que les collégiens de Las Musas s'évadent en contemplant les fresques graffées sur les murs à la périphérie de leur quartier.

Nous n'avons pas pu finir les ateliers de création à Béjaïa (Algérie). Les films vidéo des «parcours» des participants auraient du être réaliser la semaine suivant les élections. Mais subitement, les autorités algériennes nous ont fait savoir que les ateliers de création en milieu scolaire devait être fait en langue arabe. En cas de transgression de cette directive, les écoles s'exposaient à des sanctions.

Béjaïa — «Les VillesAllantVers», école des Colombes - 2009

La réalisation des atelier de création montre une forte implication des tous les participants, à tous les stades du projet, y compris lors de la formation aux outils de publication pour l'Internet (SPIP).

Cela nous conduit aujourd'hui à élargir les catégories de participants, tout en persévérant dans la création de parcours communs et individuels en milieu scolaire et associatif.

Notre axiome à travers toutes les créations, est l'adaptation aux spectacteurs et aux conditions de réalisation de l'atelier.

:: Présentation ::

Xavier LETON.

Je suis un artiste média mêlant le matériel et le virtuel, allant de la réalité sur Internet et inversement.

J'ai commencé mon travail par des créations de spectacles vivants (Théâtre, danse contemporaine) et des installations.

A présent, j'écris et réalise sur Internet. Je tisse des liens entre La réalité et le Web, en créant des sites et en collaborant avec des artistes ou pas, à d'autres créations, par exemple :

«confettiS.org»,
«larevuedesressources.org»,
«criticalsercret.com»,
«transitoire observable»,
«cipmarseille.com».
«rhizome.org».
«netbehaviour.net».

j'incite le lecteur à participer à la réalisation d'une oeuvre en tant qu'acteur à part entière, et critique du processus de création.

Les créations réalisées en collaboration avec le réalisateur **Chris Marker** (Roseware), le chorégraphe **Pierre Droulers** (Mountain - Foutain) et le plasticien **Michel François** m'ont permis de faire de cette démarche le fil conducteur de mon travail de création.

Photo de Benoit Capponi © 2010

LA REVUE DES RESSOURCES est une des revues pionnières du Web culturel français.

LA REVUE DES RESSOURCES est une revue en ligne crée en 1998 à Paris par Robin Hunzinger et Bernard Gauthier, après la fin de la revue "Points de Fuite en ligne" qu'ils dirigeaient (1996-1998).
Le premier comité éditorial de 1998 à 2004 a été composé de Bernard Gauthier, Laurent Margantin et Robin Hunzinger. Depuis 2005, de nouveaux membres sont venus compléter cette initiative : Elisabeth et Régis Poulet en 2005, suivis par Xavier Leton en 2008, Aliette G. Certoux et Olivier Favier en 2009.

LA REVUE DES RESSOURCES est librement, gratuitement et entièrement consultable sur le net : elle offre un numéro unique qui progressivement s'étoffe, un work in progress où viennent s'agréger les nouvelles contributions d'auteurs choisis pour leurs pertinence, créativité, ou sensibilité, les contributeurs développent leurs travaux à la fois dans la durée et dans l'espace. Revue de contenu structurée par le logiciel libre SPIP, elle fonctionne selon le principe de l'open text : chaque internaute peut consulter sans restriction les textes que mettent à disposition les auteurs, ceux-ci conservant leurs droits.

LA REVUE DES RESSOURCES conjugue expressions individuelles et collectives. Ces espaces d'expression se développent, découvrent des propositions, des critiques, des limites.

LA REVUE DES RESSOURCES se veut d'abord un lieu d'expériences, de rencontres, un espace de jeux des utopies. Un autre "lieu" sur Internet où se renouvelent les conditions de la création.

Depuis 1998, LA REVUE DES RESSOURCES a déposé sur Internet plusieurs centaines de pages : nouvelles, entretiens, poésies, romans, vidéos, articles...
Leurs auteurs disent, montrent, décrivent, écrivent un monde, des mondes.

http://larevuedesressources.org

contact :
information@ressources.org
http://www.ressources.org/

ISBN : 978-2-919128-02-0

Imprimé par Books on Demand GmbH, Norderstedt, Allemagne

dépôt légal : 2eme trimestre 2010